ÉTUDE SUR LA SITUATION

DES

ACTIONNAIRES

DANS LES

SOCIÉTÉS ANONYMES

ET SPÉCIALEMENT

DANS LES COMPAGNIES D'ASSURANCES

LORSQUE LA CONVERSION DES ACTIONS NOMINATIVES
EN TITRES AU PORTEUR N'EST PAS POSSIBLE OU N'A PAS ÉTÉ VOTÉE
PAR L'ASSEMBLÉE GÉNÉRALE.

PAR

E. TARBOURIECH

Avocat à la Cour d'Apppel

PARIS

LIBRAIRIE NOUVELLE DE DROIT ET DE JURISPRUDENCE

ARTHUR ROUSSEAU, ÉDITEUR

14, RUE SOUFFLOT ET RUE TOULLIER, 13

—

ÉTUDE SUR LA SITUATION

DES

ACTIONNAIRES

DANS LES

SOCIÉTÉS ANONYMES

ET SPÉCIALEMENT

DANS LES COMPAGNIES D'ASSURANCES

LORSQUE LA CONVERSION DES ACTIONS NOMINATIVES
EN TITRES AU PORTEUR N'EST PAS POSSIBLE OU N'A PAS ÉTÉ VOTÉE
PAR L'ASSEMBLÉE GÉNÉRALE.

PAR

E. TARBOURIECH

Avocat à la Cour d'Apppel

PARIS

LIBRAIRIE NOUVELLE DE DROIT ET DE JURISPRUDENCE

ARTHUR ROUSSEAU, ÉDITEUR

14, RUE SOUFFLOT ET RUE TOULLIER, 13

—

ÉTUDE SUR LA SITUATION

DES

ACTIONNAIRES

DANS LES

SOCIÉTÉS ANONYMES

SOMMAIRE

1º Généralités. — 2º Dans les sociétés d'assurances l'appel de fonds est la conséquence de l'extension de leurs affaires. — 3º L'art. 3 de la loi du 24 juillet 1867 a maintenu le principe antérieur de la responsabilité des actionnaires dans la limite du montant total de leurs actions sauf une dérogation qui reste sans application en matière de compagnies d'assurances. — 4º D'après la jurisprudence, ces actionnaires sont tenus personnellement dans les termes du droit commun et pendant trente ans. — 5º Cette responsabilité s'étend non seulement au souscripteur primitif et au détenteur actuel, mais encore aux cessionnaires intermédiaires. — 6º La jurisprudence les traite en débiteurs solidaires. — 7º Du droit que se réservent les compagnies de poursuivre la vente des titres sur lesquels les versements ne sont pas opérés dans les délais, ce qui n'implique pas renonciation de leur part à l'action personnelle. — 8º C'est en vain que les actionnaires s'efforcent de se soustraire au versement en demandant la nullité de la société, cette nullité étant inopposable aux tiers représentés par le syndic de faillite. — 9º Ou par le liquidateur. — 10º Droits du syndic et du liquidateur en ce qui concerne les appels de fonds. — 11º Mêmes principes pour les demandes en nullité de souscription. — 12º Des demandes en dissolution de société. — 13º Suite du précédent. — 14º Conclusion.

1. — Un homme qui s'est fait dans la matière des assurances une réputation universelle et dont la carrière aussi honorablement remplie que longue vient de se terminer il y a quelques mois à peine, M. de Courcy, dans une étude sur le projet de lois présenté aux Chambres relativement aux Sociétés (1), critiquait il y a quelque temps plusieurs des dispositions de la loi de 1867 et surtout celle qui permet à une Société de se constituer avec des actions de 500 francs dont le quart seulement versé. Il faisait observer avec justesse, je crois, que les personnes qui achètent ces titres non libérés ne se rendent pas un compte très net de la portée des obligations qui en résultent pour eux. « Croit-on, disait-il, que les gens qui se ruent aux guichets songent beaucoup à l'engagement de rapporter 375 fr. par action. La plupart ne s'en doutent pas. »

L'appel de ces fonds non versés ne provoquera-t-il pas chez eux une idée de résistance que des agents d'affaire plus ou moins honnêtes sauront exploiter à leur plus grand bénéfice comme au plus grand dommage de la société et de l'actionnaire lui-même.

Aussi M. de Courcy, se plaçant plus particulièrement au point de vue des Sociétés d'assurances, souhait-il sans le moindre espoir de voir ses vœux se réaliser, qu'une société ne pût se constituer sans le versement complet de son capital; et, tout au moins par transaction, proposait-il que, dans le cas où l'action ne serait pas complètement libérée au moment de la constitution, l'actionnaire fût tenu de souscrire effectivement sur timbre proportionnel l'engagement

_____

(1) *Revue critique*, année 1886, p. 582.

de payer, en cas d'appel de fonds, le complément non versé afin qu'il n'y ait pas de méprise.

Cette pratique aurait évidemment pour résultat de faire bien saisir par l'actionnaire la portée de ses engagements, je dirais presque l'impossibilité pour lui de s'y soustraire ; mais modifierait-elle les obligations que la loi lui impose dans l'hypothèse qui nous préoccupe, c'est-à-dire quand la transformation des actions nominatives en actions au porteur n'était pas statutairement possible ou bien n'a pas été votée par l'assemblée. Je ne le crois pas et l'on peut affirmer que ces obligations ne pourraient par ce procédé devenir plus strictes et plus rigoureuses qu'elles ne le sont dans l'état actuel de la législation.

2. — L'annonce d'un appel de fonds sonne souvent fort mal aux oreilles des actionnaires. Ils peuvent d'abord se trouver dans une situation pécuniaire leur rendant tout paiement fort onéreux et, en outre, s'étant bercés de l'espoir que ce versement des trois quarts n'aurait jamais lieu, ils voient dans la demande qu'on leur adresse la preuve de la mauvaise situation de la Société, entrevoient peut-être la faillite et, considérant les fonds déjà mis comme fort hasardés, ils songent à ne pas en risquer d'autres.

Voilà certes un raisonnement qui semble très simple : il est facile de démontrer qu'il n'y en a pas de plus faux et de plus dangereux pour celui qui le fait.

De deux choses l'une, en effet : ou la Société est au-dessous de ses affaires, ou bien au contraire son actif dépasse son passif. Dans la première hypothèse, si les dettes sont telles que tout l'actif de la Compagnie, son capital social entier, y compris les quarts non versés, ne puisse suffire à payer, les actionnaires auraient un intérêt bien évident à se retirer d'une entreprise qui ne leur laisse entrevoir aucun bénéfice possible; l'argent qu'ils verseront le sera en pure perte pour eux. Mais peuvent-ils pour cette raison se dispenser de le verser? Non ; on ne peut se dispenser de payer ses dettes. Les créanciers de la Société, agissant individuellement ou représentés par un syndic, poursuivront le paiement des dettes sociales contre les actionnaires jusqu'à concurrence du montant total des actions et nous verrons plus tard qu'il n'y a aucun moyen de se soustraire à leur poursuite.

Mais la situation peut être moins désespérée ; un appel de fonds est nécessaire pour faire face au passif; mais quand il sera éteint il restera encore une forte partie du capital social. Mieux encore, il se peut qu'il n'y ait aucune dette à payer ; mais la caisse est vide et il faut de l'argent pour que la Société puisse continuer ses opérations. Dans cette hypothèse, l'actionnaire aurait le plus grand tort de résister à une demande de versement, il agirait contre son intérêt, en se privant volontairement des bénéfices que l'entreprise est peut-être appelée à donner.

Mais quittons ces généralités pour nous cantonner dans la matière des sociétés d'assurances et démontrons comment ces Compagnies peuvent se trouver dans la nécessité de recourir à un appel de fonds bien que leur situation ne soit pas mauvaise.

Pour autoriser les Sociétés à se constituer après versement du quart seulement des actions, on a dit « que le paiement anticipé de la totalité du capital « social serait une perte réelle pour la production et « la circulation et aurait pour conséquence d'accu- « muler dans la caisse d'une compagnie des fonds « dont elle n'aurait pas toujours un emploi immé- « diat (1) ».

En effet une société ne prend pas dès le début toute l'extension dont elle est susceptible ; on comprend qu'elle n'appelle son capital qu'au fur et à mesure du développement de ses affaires.

En ce qui concerne les Compagnies d'assurances, il n'est pas rare de les voir bientôt forcées de procéder à un appel de fonds par suite de l'absorption du premier quart, bien que leur situation ne soit pas mauvaise.

D'abord les frais généraux de premier établissement sont peut-être plus élevés pour elles que pour les autres sociétés.

Comme toutes les sociétés, il leur faut des locaux luxueux pour leur siège central.

La Compagnie d'assurances doit en outre, et c'est une différence avec les autres sociétés, créer en provinces de nombreuses agences. De là de nouvelles dépenses.

____

(1) Rapport de M. Langlais au nom de la Commission législative de 1856. *Dalloz Pér.*, 1856, IV, 110.

Ce n'est pas tout : une entreprise traverse, avant
d'arriver à son fonctionnement normal, une période
de mise en train pendant laquelle elle ne fera que
peu ou point de bénéfices. Comment pourrait-on
décider les actionnaires à apporter leur argent si,
pendant plusieurs années, il devait rester absolument
improductif? Aussi on décide que pendant une période déterminée l'actionnaire touchera un intérêt
sur le montant des sommes versées par lui, bien
qu'elles soient encore improductives aux mains de la
Société ; autrement dit, on lui rend chaque année une
partie des 125 fr. qu'il a versés. Cela diminue sensi-
blement le capital. Mais enfin supposons que la Société a été bien administrée, et que, tous frais payés,
il reste encore quelque chose du premier quart
versé. D'autre part, les agents d'assurances, dès la
première année, dès les premiers mois, ont attiré à
la Compagnie un grand nombre d'assurés. Le por-
tefeuille se gonfle de jour en jour d'excellents
risques. Les communications faites par la direction
sont très rassurantes, le nombre de polices va en
croissant, les primes encaissées sont considérables.
Les actionnaires enchantés se préparent à passer à
la caisse pour toucher des dividendes. Ils sont tout
étonnés qu'au lieu de leur donner de l'argent, l'ad-
ministration leur en demande. Ils croient à la mauvaise foi des directeurs et administrateurs, à des
malversations de leur part, à tout plutôt qu'à ceci qui
est la vérité, à savoir : que ces polices qui leur procureront certainement des bénéfices plus tard se

traduisent dès maintenant par une dépense et non par un gain, par une perte, et non par un bénéfice. Cela s'explique pourtant facilement. Il est bien évident que dès le début il y aura des sinistres frappant les biens assurés par la Compagnie et que la Compagnie sera, dès les premières années, tenue de payer des indemnités et d'autant plus nombreuses qu'il y aura plus de polices en cours. Voilà bien une cause de dépense pour la Compagnie. Soit, mais, répondrez-vous, ces indemnités, si la Compagnie a été prudente, seront couvertes par les primes perçues. C'est une erreur. La Compagnie n'a rien touché par suite de l'usage de ce qu'on appelle les *Commissions escomptées.*

On comprend que les agents d'assurance se fassent payer les services qu'ils rendent par une commission sur les primes procurées par eux à l'assureur. Cette commission n'est pas de 5 0/0, comme pour les architectes, elle est au minimun de 100 0/0 et même le plus souvent de 200 0/0, c'est-à-dire que lorsqu'une nouvelle police est conclue la Compagnie, non seulement abandonne à l'agent la prime de la première année qu'elle perçoit au moment de la signature du contrat, mais même lui remet en outre la prime de la seconde année qu'elle ne percevra peut-être jamais. On comprend donc qu'avec ce sytème pendant les deux premières années de son fonctionnement la Compagnie *ne touchera pas un sou* de ses assurés et que par conséquent tous les sinistres qui pourront survenir pendant cette période se traduiront par une perte sèche pour elle, comme du reste tous les sinistres se produisant pendant les deux années qui suivront la signature de la police.

Supposons enfin que, par un hasard malheureux, les sinistres dépassent la proportion ordinaire, pendant ces premières années; que par exemple la période de débuts de la Compagnie coïncide avec quelques-unes de ces années qui présentent une série de sinistres exceptionnels et on conçoit facilement qu'un appel de fonds soit nécessaire. La période critique est peut-être à la veille de prendre fin ; l'entreprise portera bientôt ses fruits, les actionnaires auraient alors le plus grand tort de refuser d'opérer le versement puisqu'ils n'ont aucun moyen de droit de le faire, ou de demander à voter la liquidation de la Compagnie. Dans ces dernières années, des spéculateurs ont songé à exploiter la situation délicate que je viens d'exposer. Leur calcul était bien simple : amener la baisse des titres de la Compagnie en effrayant les actionnaires de toutes les façons, les pousser à vendre leurs actions, racheter ces actions à très bas cours, puis ensuite demander la liquidation, et la faire voter par des actionnaires craintifs et ignorants, un bénéfice considérable devant résulter pour eux de ce qu'ils avaient acheté les titres à un prix bien inférieur au dividende que donnait la liquidation ultérieure.

Les actionnaires se trouveraient ainsi complètement dépouillés. D'une manière plus générale, on peut dire que les actionnaires, en s'effrayant outre mesure de ces difficultés presque inévitables au début des compagnies et en votant une liquidation dans ces conditions, s'exposent à perdre le prix d'efforts qui, bien dirigés et soutenus par eux, leur procureront plus tard de sérieux bénéfices. Combien de Compagnies aujourd'hui florissantes ont vu long-temps leur situation incertaine. Nous nous contenterons de rappeler les faits suivants.

La *Nationale*, fondée en 1828, est restée trois ans sans distribuer de dividendes; l'*Union*, neuf ans ; le *Soleil*, la *France* et l'*Abeille*, après avoir fait attendre plusieurs années leur premier dividende, en ont interrompu le paiement à plusieurs reprises. L'*Urbaine* et la *Providence* ont mis de sept à huit ans pour aborder la période bénéficiaire, et en sont sorties également à différentes reprises. L'*Aigle* a eu un stage de douze ans; la *Paternelle*, neuf ans. Le cours de leurs actions a suivi les mêmes fluctuations. La *Générale*, qui avait, en 1846, ses actions cotées 18.000 fr., les a vues descendre, en 1849, à 12,500 fr.; aujourd'hui, elles cotent 22.000 fr. L'action de la *Nationale* s'élève d'abord à 1.000 fr., redescend ensuite à 825 fr., se relève jusqu'à 8.000, puis elle s'abaisse à 4.000 fr. pour remonter peu à peu jusqu'à 23.000 fr., d'où elle est redescendue à 13.000 ; elle se maintient aujourd'hui à 15.000 fr. Il en est de même de la *France*, de l'*Urbaine* et de la *Providence*.

3. — Ainsi, les actionnaires agissent bien souvent contre leur intérêt en résistant à un appel de fonds. Mais quand bien même l'intérêt le plus évident leur conseillerait cette résistance, elle n'en serait pas moins coupable. On ne peut pas se refuser à payer ses dettes et dans la situation qui nous occupe, c.-à-d. quand toutes les actions sont restées nominatives faute d'une délibération autorisant leur conversion en actions au porteur, il n'est pas de dette plus évidente et au paiement de laquelle il soit plus difficile, en fait, de se soustraire. C'est ce qu'il nous faut démontrer. Avant la loi de 1856, des controverses s'étaient élevées à ce sujet : on se demandait notamment si le transfert opéré avec l'agrément de la Compagnie n'avait pas pour effet de libérer le cédant, le cessionnaire restant seul débiteur éventuel. Toutes ces controverses ont disparu depuis la loi de 1856. En effet, cette loi exigeait que toutes les actions des sociétés en commandite fussent nominatives jusqu'à leur entière libération ; en conséquence elle décidait que « les souscripteurs d'actions seraient, nonobstant toute stipulation contraire, responsables du paiement du montant total des actions par eux souscrites ». La loi de 1863 avait la même portée.

Lorsqu'on discuta, au sein du Corps législatif, le projet qui devint la loi de 1867 aucun des nombreux systèmes qui furent alors proposés ne fut soutenu avec plus d'ardeur que celui qui tendait à ce que le souscripteur fût déclaré personnellement obligé au versement intégral de son action. Les amendements présentés en ce sens contre le projet du Gouvernement et le projet amendé de la Commission ne triomphèrent pas, mais la commission proposa, *à titre de transaction*, une disposition qui est devenue l'article 3 de la Loi du 24 juillet 1867 (1).

---

(1) V. Collection des travaux préliminaires de la Loi de 1867, par M. Tripier, t. I, p. 401 à 487, et II, p. 463 à 489. — Discours de MM. Jules Simon, de Jauzé, Louvet, Pouyer-Quertier, etc.

Cet article est légendaire pour son obscurité; je ne crois pas pouvoir mieux l'expliquer qu'en reproduisant le commentaire qu'en donne à son cours un savant professeur de la Faculté de Paris. «L'article trois, dit-il, par une ellipse plus que hardie, indique à quelles conditions il est permis de déroger à trois principes que le texte sous-entend. — Premier principe : En général, chaque actionnaire est débiteur du montant total de son action.— 2ᵐᵉ principe : Le cédant d'une action non libérée reste obligé et le cessionnaire le devient. — Enfin 3ᵉ principe : Les actions doivent rester nominatives jusqu'à leur libération. »

Ces principes qui sont ainsi maintenus par la Loi de 1867 sont ceux qui résultaient déjà de la Loi de 1850 ; mais tandis que cette loi ne connaissait aucun tempérament, le texte de l'art. 3 admet qu'on peut y déroger et voici à quelles conditions. Il faut: 1° que les actions aient été libérées de moitié ; 2° qu'un article des statuts de la société autorise la conversion en actions au porteur ; 3° qu'une délibération de l'assemblée générale, après avoir constaté le versement de moitié du capital et l'état de la société, décide qu'il y a lieu d'appliquer cet article des statuts, et d'autoriser les actionnaires à opérer la conversion. Quels sont les effets de cette délibération? Il en est deux : de rendre d'abord la conversion possible, ensuite, et remarquons-le, la Loi ne le dit pas, *éteindre l'obligation personnelle des actionnaires*. La Loi procède de l'idée, dit M. Paul Pont, que en général la forme nominative de l'action est l'expression et en quelque sorte le signe de la responsabilité de l'actionnaire.

« Or, c'est seulement par le vote de l'assemblée générale que les actions, alors que la moitié reste à payer, peuvent cesser d'être nominatives. Donc il est vrai de dire que la libération par versement de moitié, loin de dépendre de la seule volonté du souscripteur ou du cessionnaire, est le fait de la Société elle-même qui, aux termes même du rapport présenté au Corps législatif (1), *libère les actionnaires* en autorisant la transformation des actions nominatives en actions au porteur. »

On avait à redouter « des conversions frauduleuses » opérées en vue ou en prévision du mauvais état des affaires de la Société et dans l'unique but que par là les actionnaires arriveront à se soustraire à l'obligation qui les menace de compléter le paiement du montant des actions. Aussi, le législateur ne permet pas que l'effet légal du vote de conversion se produise actuellement et immédiatement, au moins pour ceux qui ont pu ou dû être appelés à prendre part à la délibération. — «La loi, dit M. Rataud, s'empare de tous ceux qui au jour de la délibération subissaient l'obligation de libérer leurs actions et décide qu'ils resteront obligés pendant deux ans à partir de ce jour. »

Cette faculté de convertir les titres nominatifs en titres au porteur n'est guère usitée dans les Compagnies d'assurances.

(1) Tripier, II, 48.

4. Voilà le système général de la loi. Il en résulte que si la délibération n'a pas eu lieu soit par suite du silence des statuts, soit par défaut de versement de moitié, ou si elle a été négative, ou bien si, ayant été favorable à la conversion, elle a été ensuite annulée comme irrégulière (1); dans tous ces cas nous rentrons dans l'application stricte du principe. L'obligation des actionnaires reste sous l'empire du droit commun, c'est-à-dire de l'art. 1845 du Code civil. La jurisprudence est constante en ce sens.

« Attendu, dit un arrêt de la Cour de cassation, que, aux termes de l'art. 1845 du Code civil, chaque associé est débiteur envers la Société de tout ce qu'il a promis d'y apporter ; *que par suite tout actionnaire d'une société* (2) *anonyme ou en commandite est tenu d'après le droit commun d'acquitter le montant intégral des actions qui constituent son apport.* »

L'actionnaire tenu dans les termes du droit commun est tenu *personnellement*, c.-à-d. *sur tous ses biens*, en vertu de l'art 2092 du C. civ. : « Quiconque s'est obligé personnellement est tenu de remplir son engagement sur tous ses biens mobiliers et immobiliers présents et avenir. »

Et combien de temps dure cette obligation? Trente ans (art. 2262 du C. : « Toutes les actions tant réelles que personnelles se prescrivent par trente ans. »

5. — Jusqu'à présent, j'ai employé cette expression vague « actionnaire » pour désigner les personnes à

(1) Trib. de comm. de la Seine du 22 mai 1885. *Journal des Trib. de comm.* 1886, p. 185.
(2) 12 avril 1881; S. 81, I, 243, et note de M. Labbé.

qui la demande de versement peut être faite. Or elles
sont dans l'une des trois situations suivantes : ou
souscripteur primitif, ou cessionnaire intermédiaire,
ou titulaire actuel de l'action. Il n'y a pas de difficulté
pour la première et la troisième situation. D'abord,
le souscripteur primitif qui a aliéné ses actions reste
bien évidemment tenu (1); c'est lui qui a concouru à
la formation du contrat sur lequel repose cette société : il ne peut évidemment se dégager de la promesse d'apport qu'il a faite à ses cocontractants ; du
reste le texte de l'art. 3 est formel pour viser le
« souscripteur primitif qui a aliéné ses actions ».

De même, il n'y a pas de difficulté pour le détenteur actuel; c'est lui qui jouit de tous les émoluments
et avantages attachés à la qualité de sociétaire ; il
touche les dividendes, prend part aux assemblées
générales, jouit du droit de priorité dans l'émission
de nouvelles actions ou d'obligations : il est tout na-
turel qu'il en ait les charges, ayant les bénéfices.

La difficulté ne s'est jamais posée que pour le
cessionnaire intermédiaire. Il semble qu'il y a quelque chose de trop rigoureux à dire qu'une obligation, une fois assise sur la tête de cet actionnaire,
ne s'évanouit pas lorsqu'il passe son action à un autre. La loi de 1856 ne parlait que du souscripteur
primitif, aussi avait-on essayé de donner une solution
différente en plaçant le souscripteur primitif dans
une situation à part. « Il est, disait-on, obligé non

(1) S'il ne les a pas aliénés, il est détenteur actuel et rentre dans
la 3e catégorie.

pas seulement en qualité d'associé, qualité passagère, mais en vertu d'une souscription, qui est le principe immuable d'une obligation *sui generis*. Aussi tendait-on à ne pas étendre à tout actionnaire qui n'a fait que traverser la Société la rigueur de la loi à l'égard du souscripteur. « Cette distinction, dit M. Labbé, nous paraît plus subtile qu'exacte. Souscrire, c'est adhérer aux statuts de la Société, c'est consentir à être associé dans la mesure des actions souscrites, la souscription n'est pas indépendante du contrat de société... le souscripteur n'est tenu que parce qu'il devient associé : il ne diffère pas essentiellement de l'actionnaire, qui pénêtre dans la société déjà formée (1). » Quoiqu'il en soit de cette controverse, elle n'a plus guère qu'un intérêt historique. La loi de 1867 l'a tranchée; l'intention du législateur résulte très nettement des travaux préparatoires (2). Tout actionnaire qui cède une action non libérée doit rester garant du paiement ; cette obligation, qui survit à la retraite, assure que le cédant mettra à sa place dans la Société une personne solvable, cette raison s'applique à tout actionnaire qui se retire en cédant ses actions et non pas seulement au souscripteur.

6. — Ainsi donc, souscripteur primitif, détenteur actuel, cessionnaire intermédiaire sont tenus personnellement du montant des versements à opérer. La jurisprudence est formelle. « Attendu, dit l'arrêt

(1) Note de M. Labbé sous arrêt 12 avril 1881 précité.
(2) S., Lois annotées de 1867, p. 200.

déjà cité de la Cour suprême, que cette obligation existe non seulement pour les souscripteurs originaires mais encore pour les cessionnaires successifs des actions nominatives, qui par l'effet même des cessions, y sont aussi personnellement soumis ; que l'art. 3 de la loi du 24 juillet 1867 consacre virtuellement ces principes en indiquant dans quel cas il peut y être exceptionnellement dérogé au profit des souscripteurs primitifs qui ont aliéné leurs actions et de ceux auxquels ils les ont cédées avant le versement de moitié. »

Remarquons-le, les titres sont restés nominatifs, de sorte que rien n'est plus facile pour la Société que de retrouver les noms de tous les détenteurs de chaque action depuis le souscripteur jusques, et y compris le détenteur actuel. Mais la Compagnie, ou son liquidateur si elle est dissoute, ou son syndic si elle est en faillite, peut-elle poursuivre à son choix une quelconque de ces différentes personnes, ou bien doit-elle d'abord poursuivre le détenteur actuel dont l'exécution pourrait être exigée par le souscripteur ou le cessionnaire intermédiaire, en butte à la poursuite de la Société.

D'après l'arrêt de la Cour de cassation du 12 avril 1881, la Société a le libre choix (1). Dans l'espèce de l'arrêt de cassation, le syndic du Crédit rural avait poursuivi un cessionnaire intermédiaire et la Cour suprême a rejeté le pourvoi. La jurisprudence va

(1) Le syndic peut agir sumultanément contre deux ordres d'obligés. Paris, 13 mai 1885, *Gaz. du Palais*, 85, II, 751.

même plus loin ; des arrêts ont décidé que tous ces débiteurs étaient tenus solidairement (1).

M. Labbé n'admet pas cette solution et considère le détenteur actuel comme débiteur principal, les cessionnaires antérieurs étant des débiteurs accessoires. Mais je ne crois pas que cette théorie puisse prévaloir devant une jurisprudence qui me semble fortement établie (2).

7. — Cette action personnelle tendant à une exécution sur tous les biens du débiteur n'est pas la seule qui soit à la disposition de la Société.

Les statuts stipulent en outre une sorte d'action réelle. On y insère des clauses se ramenant toutes à ceci : « La Société a la faculté de faire vendre les titres dont les versements n'ont pas été effectués après certaines publications et après un certain délai, soit à la Bourse soit par ministère d'agent de change, soit devant notaire pour le compte, aux frais, risques et périls des retardataires. Cette clause est absolument licite et obligatoire (3). Mais comme l'a fait

(1) Paris, 2 juin 1876; S. 1879, II, p. 33., — Trib. de comm., 14 mai 1888, Liquidateur de *la Réparation* c. Cintrat.

(2) Ajoutons pour être complet que le souscripteur originaire qui a payé a recours contre le détenteur actuel comme subrogé aux droits de la Compagnie et d'une manière plus générale tout actionnaire qui a cessé de l'être au moment de l'appel de fonds a le droit de se retourner contre la personne à laquelle il a vendu ses actions. Mais ce recours sera le plus souvent illusoire. La jurisprudence est en ce sens. (V. Com. Seine. 10 Xbre 86, *Gaz du Palais*, 86, II, 362. — Lyon, 3 juillet 83, G. P., II, 225 ; — Paris ,13 mars 86, G. P., 86, II, 22. — Cas., 29 juin 85, G.P. 85, II, 504.— Paris, 11 août 85, *Gaz. des trib.*, 4 oct. 85.

(3) Arrêt de la Cour d'appel de Paris, 17 décembre 1886, de Nicole c. *la Métropole*. — *Recueil périodique des assurances* 1878, p. 14.

très justement observer M. Paul Pont, n° 949, ces stipulations n'obligent pas la Société à suivre cette dernière voie. Il y a là une mesure de coaction, une garantie de plus ; on n'y saurait voir une renonciation personnelle qui subsiste toujours.

Bien plus, si la vente produit une somme insuffisante pour couvrir la Société de sa créance, les actionnaires pourront être poursuivis en paiement du complément. L'action réelle est facultative pour la Société qui peut l'exercer sans que, nous dit encore M. Pont (956), cela implique en aucune façon renonciation à l'action personnelle. La jurisprudence est formelle en ce sens (1).

8. — Lorsqu'une société fait un appel de fonds et surtout lorsqu'elle est forcée de le faire par une de ces crises que nous avons expliquées, on voit fréquemment des agents d'affaires s'adresser aux actionnaires, les inviter à se grouper en syndicat autour d'eux, sous leur direction, pour résister à la demande. Mais comment arriver à ce résultat ? D'une manière bien simple au premier abord : en répondant à la de-

Tribunal de commerce de la Seine du 30 novembre 1885. Même recueil, année 1885, p. 489 ; D° Blair c. *la métropole*. Ce jugement décide, conformément à un arrêt de la Cour de Paris du 15 avril 1885 (Aff. des coupons commerciaux, l'Epargne populaire), que la Société a régulièrement procédé en faisant, suivant un usage constant à la Bourse, vendre comme libérés de moitié les titres sur lesquels l'actionnaire avait refusé de verser le deuxième quart. — V. dans le même sens : Cour de Paris, 7e Ch., 26 nov. 1887, *Gazette du Palais* du 27 décembre. *La Métropole* c. Marcelin. Paris, 17 décembre 86. *Revue des sociétés*, 1886, p. 17. Du reste la société eût-elle commis une infraction aux statuts, cela n'eût pas libéré l'actionnaire de son obligation personnelle.

(1) V. arrêt précité de la Cour de Paris du 26 nov. 1887.

mande en appel de fonds par une demande en nullité
de la Société ou de leurs souscriptions, ou bien une
demande en dissolution.

Pour un bénéfice de quelques francs par action,
ils se chargent de mener à bonne fin leurtâche de
destruction. Les actionnaires sont souvent séduits
par leur promesse et ils se font ce raisonnement bien
simple, trop simple :

« Demandons la nullité de la Société, ou si nous
ne pouvons l'obtenir, demandons la dissolution et
nous ne paierons plus rien. »

Il semble en effet bien facile, avec la loi de 1867
telle que la jurisprudence l'a commentée, amplifiée,
aggravée, de faire déclarer la nullité d'une
Société.

« Les applications diverses inattendues de cette
loi deviennent si effrayantes, dit M. Vavasseur, 714,
qu'on ne saurait assez s'étonner de trouver des hom-
mes assez courageux pour fonder des sociétés et
même des notaires assez téméraires pour prêter
leur ministère à la rédaction des statuts. »

On peut presque dire qu'il n'est pas de société
qui ne puisse tomber sous le coup de cette loi. Ne
pourrait-on pas arriver à établir que deux ou trois
actions sur dix mille n'ont pas été libérées du
quart avant la constitution de la Société, comme
dans l'espèce du jugement du Tribunal de commerce de la Seine du 28 mars 1885 (*la Continentale*).

On peut toujours tenter la chance d'un procès.

Oui, sans doute, mais ceux qui ne font ce procès

que pour échapper à un appel de fonds sont bien mal conseillés.

Il est un principe hors de discussion, c'est celui que l'art. 7 de la loi de 1867 a reproduit de la loi de 1856 : « La nullité d'une Société ne peut être opposée aux tiers par les associés. » Le texte est écrit pour les sociétés en commandite, mais le principe est le même pour les sociétés anonymes ; bien que l'art. 41, par suite d'une omission involontaire, ne s'en explique pas expressément, les travaux préparatoires ne laissent pas de doute à ce sujet (1).

« L'art. 41, dit le rapporteur, détermine les conséquences des infractions relatives à la constitution de la Société anonyme : nullité à l'égard des intéressés *inopposable aux tiers* par les associés, *telle est la règle* conforme à la tradition, à la raison, à la morale, *que reproduit* l'art. 41. »

Qu'entend-on par tiers? Les créanciers de la Société. Donc la nullité de la Société ne peut leur être opposée par un actionnaire qui veut se soustraire à un appel de fonds. — Ces créanciers ont une action directe contre les actionnaires pour les forcer à se libérer (2).

En fait, il est rare que les créanciers songent à poursuivre individuellement les actionnaires. Ils ont le droit de faire déclarer la faillite de la société comme

(1) Tripier, I, 180.
(2) Aix, 13 août 1860 ; D., 60, II, 223 ; — Cas. Req., 24 juin 1861 ; D., 61, I, 435.

société de fait (1). Ils en useront, et alors le syndic, en qualité de représentant des créanciers de la Société, pourra bien évidemment faire un appel de fonds et agir contre les actionnaires qui n'y répondront pas; ceux-ci ne pourront, à sa demande, opposer la nullité de la Société pour se soustraire au paiement, le capital social étant le gage des créanciers ; ils ne peuvent même pas retarder ce paiement sous aucun prétexte. La jurisprudence est certaine en ce sens (2).

9. — Il est possible que la Société n'ait pas été mise en faillite. Le jugement qui, sur la demande d'un actionnaire, prononce la nullité nomme un liquidateur. Ce liquidateur peut-il, pour payer les créanciers, faire un appel de fonds, exiger des actionnaires la libération de leurs titres. Le liquidateur représente la Société dans l'intérêt des associés, mais ne la représente-t-il pas aussi dans l'intérêt des créanciers sociaux? Ne doit-on pas le considérer comme représentant de ces créanciers, et alors ne pourrait-il pas, comme le syndic, poursuivre les actionnaires sans se voir opposer la nullité de la Société? La question a été discutée en théorie. Pour soutenir que d'une manière générale le liquidateur représentait

(1) Paris, 5 fév. 72 ; D., 74, II, 235; D., 61, I, 435.

(2) V. arrêt précité de la Cour de cass. du 12 avril 1881. Trib. comm. de la Seine, du 15 décembre 1881, *Journal des Ass.* 1882, p. 95; Trib. de comm. de la Seine du 2 mai 84. Syndic de *la Provinciale* c. Mattey, *Journal des assurances* 1884, p. 302; —Cour de Paris, 7 août 84. *Gaz. du Palais* 1885, 1, 92 ; Trib. de comm. de la Seine, 18 janvier 1886, Ormancey, syndic de la *grande Compagnie. Recueil périodique des assurances* 1886, p. 53; —Paris 11 juin 1886, *Rev. des Soc.* 1886, p. 523.

les créanciers on a fait remarquer que, d'après la jurisprudence, ces derniers peuvent demander la nomination ou la révocation d'un liquidateur (1). Quoi qu'il en soit de cette controverse de doctrine, la jurisprudence ne laisse aucun doute. « Si, dit un arrêt, le liquidateur n'est en principe que le représentant de la Société dissoute, il peut résulter des circonstances de fait et des termes mêmes du jugement qui lui a confié sa mission qu'il est aussi le représentant des tiers et dans ce cas les actionnaires ne peuvent lui opposer la nullité de la Société pour se soustraire aux versements (2). » Ce qui revient à dire en somme que quand le liquidateur se trouve en présence d'un passif à éteindre, il est armé, en vue de l'extinction de ce passif, des mêmes droits que le syndic.

De nombreux arrêts nous montrent le liquidateur poursuivant en versement de fonds des actionnaires, sans que ceux-ci puissent lui opposer des irrégularités dans la constitution de la Société (3).

10. — Il faut, avons-nous dit, que le syndic et le liquidateur aient un passif à éteindre pour pouvoir procéder à un appel de fonds.

C'est à eux, dit la jurisprudence, qu'incombe l'obli-

(1) Aix, 11 nov. 1871, D., 73, 11, 78.
(2) Paris, 13 mai 1885, *Gaz. du Palais*, 1885, II, 751.
(3) Outre l'arrêt de la note précédente, Trib. de comm. de la Seine, 14 juin 1883, *Gaz. du Pal.* 1883 11. 377 ; — Paris, 7 août 1884, *Gaz. du Pal.* 85, 1, 92 ; — Paris, 19 déc. 1884 ; *Rev. des sociétés*, 85, p. 162 ; — Trib. de comm. de la Seine, 19 avril 1884, *ibidem*, 84, p. 514 ; Trib. comm. Seine, 31 janvier 1883 ; — *Gaz. du P.* 83, I, 385 ; — Trib. comm. Seine, 14 mai 88, *la Réparation* c. Cintrat.

gation d'établir la nécessité de cet appel de fonds, par l'état du passif créé par le fonctionnement de la Société (1). L'existence de ce passif social peut seule servir de base à leur demande.

Mais quelle est exactement la preuve imposée au syndic ou liquidateur ? Doit-il faire une preuve rigoureuse : d'une part, faire l'état des dettes de la Société; d'autre part, démontrer que tous les biens, toutes les valeurs de la Société ne suffisent pas à les acquitter ; le syndic, en un mot, ne peut-il demander aux actionnaires que l'excédent du passif sur l'actif réalisé ou à réaliser ? La jurisprudence est bien moins exigeante. En principe, elle admet que, du moment que l'appel de fonds semble justifié par l'état du passif, il doit y être obéi, sauf, plus tard, pour le syndic, à faire répartition proportionnelle entre les actionnaires de ce qu'il pourra rester de disponible, toutes dettes payées et tous biens réalisés (2). Ainsi, par exemple, elle a décidé qu'un appel de fonds était suffisamment motivé par ce fait que le liquidateur n'a pas en caisse au moment où il procède les sommes nécessaires pour éteindre son passif, alors même qu'il existerait dans la liquidation des éléments importants d'actifs qui n'ont pu être encore réalisés, mais qui le seront plus tard (3).

De plus, le passif peut être, d'après les chiffres mêmes fournis par le syndic ou le liquidateur, inférieur

(1) Paris, 4ᵉ Ch., 7 août 1884, *Rev. des soc.* 1885, p. 816.
(2) Comm. Seine, 19 avril 1884. Précité.
(3) Comm. Seine, 14 juin 83. Précité.

au versement demandé. Ce ne sera pas une raison
pour résister à la demande. Le syndic répondra qu'il
est possible que beaucoup des actionnaires soient in-
solvables, que c'est un fait fréquent ; peut-être même
lui sera-t-il facile de justifier par les poursuites exer-
cées antérieurement qu'en effet plusieurs d'entre eux
sont hors d'état de payer, ce qui expose les autres
à supporter au delà de leur part ; par conséquent il
est en droit de demander plus pour obtenir moins,
d'autant plus qu'il devra toujours rendre compte
des sommes reçues et rendre l'excédent (1). Il
pourra dire en outre que plusieurs actionnaires
se sont déjà exécutés et que, pour ne pas violer
le principe d'égalité entre tous les actionnaires,
loi des parties, il doit demander aux autres une
somme égale à celle dont les premiers se sont
libérés (2).

On voit qu'en présence de tous ces tempéraments
on peut dire que le syndic ou le liquidateur sera presque toujours en droit de demander aux actionnaires
de libérer leurs actions.

La jurisprudence a même été plus loin. Un arrêt
récent semble décider qu'il n'est pas même nécessaire que le syndic justifie de la nécessité de
l'appel de fonds (3). Peut-être verra-t-on cette doc-

(1) Paris, 7e Chambre, 17 octobre 1884. Précité.
(2) Même arrêt et Paris, 7 août 1884, qui applique cette idée
d'égalité en décidant en sens inverse qu'elle s'oppose à ce que le
syndic appelant un deuxième quart puisse exiger d'un actionnaire,
par cela seul qu'il refuse de payer, le versement de la totalité de ce
qui reste dû.
(3) Paris, 11 juin 1886, précité. Ce même arrêt décide en outre que

trine plus absolue encore prévaloir dans l'avenir.

En résumé l'action en nullité intentée contre une société ne sera jamais un moyen de repousser une demande d'appel de fonds. Et je dois encore faire une remarque sur laquelle j'insiste car elle présente une grande importance : il faut, pour demander la nullité d'une société, en faire partie.

Lorsque la Compagnie a fait vendre à la Bourse une action sur laquelle le versement appelé n'a pas été effectué, le propriétaire de ce titre n'est plus recevable à s'immiscer dans les affaires de la Société et notamment prétendre à en faire prononcer la nullité (1).

11. — Il est possible qu'au lieu de demander la nullité de la Société l'actionnaire demande seulement au tribunal de déclarer nulle sa souscription. Il prétend qu'elle a été obtenue par dol ou par fraude. Il n'y a pas là encore un moyen de se refuser au paiement des fonds appelés. La jurisprudence est encore certaine en ce sens (2).

12. — Enfin, il arrive que des actionnaires, toujours dans le même but, demandent la dissolution de la Société. Bien entendu ils peuvent saisir l'assemblée générale, l'inviter à prononcer cette dissolution en conformité de l'article 31 de la loi de 1867 ; mais s'ils n'ont pas satisfait à l'appel de fonds, peuvent-ils pren-

l'actionnaire ne peut se prévaloir de ce fait que le syndic n'a pas exercé les mêmes poursuites contre tous les actionnaires. Cf. Paris, 15 décembre 1881.

(1) Cass., 23 décembre 1885. *Rev. Sociétés*, 1886, p. 86.
(2) Trib. comm. Seine, 19 sept. 1877, *Journal des Ass.* 1877, p. 454.

dre part à cette délibération ? Rien ne semble s'y opposer dans la loi ; mais une clause des statuts peut avoir prévu le cas et du reste les administrateurs auront un moyen de les en empêcher en exécutant leur titre à la Bourse, ainsi que je l'ai dit plus haut. Il est difficile d'empêcher les actionnaires de dissoudre la Société s'ils agissent en se conformant à la loi ; mais, remarquons-le, la Société conservera une existence de fait pour les besoins de sa liquidation et le liquidateur pourra toujours appeler les quarts non versés si l'état du passif le nécessite. Je n'ai pas à revenir là-dessus.

13. — Un actionnaire peut-il s'adresser aux tribunaux pour leur demander de prononcer la dissolution de la Société. Oui, sans doute, ils peuvent demander cette dissolution pour de justes motifs (art. 1871, 2871 C. civ.), et en outre en vertu des art. 37 et 38 de la loi de 1867, quand la Société se trouve réduite à moins de sept membres ou en cas de perte des trois quarts du capital social, mais à défaut seulement par les administrateurs de réunir l'assemblée générale.

Mais nous retombons toujours dans la même question : la Société dissoute, il faudra la liquider et l'actionnaire devra faire face aux appels de fonds que le liquidateur croira nécessaire à l'extinction du passif.

14. — La conclusion de cette étude est bien simple. Quand la conversion des actions nominatives en actions au porteur n'est pas possible, ou n'a pas été votée par l'assemblée générale en conformité de l'art. 3 de la loi de 1867, les souscripteurs primitifs, les détenteurs actuels et les cessionnaires intermédiaires sont tenus solidairement, d'après la jurisprudence, de verser le complément de leurs actions. En vain, pour se soustraire à cette obligation, tenteraient-ils de faire prononcer la nullité de leur souscription ou de la Société ; en vain demanderaient-ils à la justice de dissoudre cette dernière, la nullité ne pouvant être opposée aux créanciers sociaux, la dissolution ne pouvant diminuer leur gage. Si les actionnaires se rendaient bien compte de leur situation, peut-être les verrait-on moins souvent provoquer des procès qui certes n'allègent pas leurs obligations, en augmentent plutôt le poids par les frais qu'ils leur occasionnent, mais ont pour résultat certain de discréditer la Compagnie, de la ruiner souvent, et par cela même de tarir la source de tous les profits qu'ils pouvaient en espérer.

5869. — Poitiers, Imprimerie Blais, Roy et Cie.